Рассказы на испанском
Уровень А1 - Книга 1
- С АУДИО -

для изучения испанского языка как иностранного

Скачайте аудио к этой книге:

Шаг 1: Зайдите на Esidioma.com/extras

Шаг 2: Введите этот код:

oTHPa

Нужна помощь? Напишите нам: info@Esidioma.com

Esidioma
esidioma.com

Содержание

esidioma.com

Изучайте испанский с нами!
Если Вы хотите улучшить свои языковые навы-
ки,
у нас есть все, что Вам нужно.

Copyright © Esidioma
Тексты: Хосе Антонио Сантьяго
Дизайн: команда Esidioma
Изображения: pexels.com
ISBN - 978-84-16971-61-9
Legal Deposit - AS 01285-2024

Patrick en España
Патрик в Испании

Vocabulario

1.	Me llamo…	Меня зовут…
2.	aprender	изучать
3.	español	испанский
4.	ciudad	город
5.	trabajo	работа
6.	periodista	журналист
7.	periódico	газета
8.	artículo	статья
9.	país	страна
10.	mundo	мир
11.	cine	кинотеатр
12.	película	фильм
13.	¡Qué pena!	Как жаль!
14.	jugar	играть
15.	baloncesto	баскетбол
16.	aburrido	скучный
17.	hablar	говорить
18.	vecino	сосед
19.	problema	проблема
20.	por la noche	ночью
21.	gritar	кричать
22.	es tarde	(Уже) поздно
23.	querer	хотеть
24.	dormir	спать
25.	entender	понимать

Patrick en España

¡Hola! ¿Qué tal? Me llamo Patrick y tengo veinticinco años. Soy de Estados Unidos, de Nueva York. Vivo en España porque quiero aprender español.

Vivo en Madrid. Me gusta mucho vivir aquí. Es una ciudad muy interesante. Y mi trabajo también es interesante. Soy periodista y trabajo en un periódico. Escribo artículos en inglés para la web del periódico.

En Madrid hay gente de muchos países. Tengo muchos amigos de todo el mundo. A veces, vamos juntos al cine. Vemos películas en español, pero entendemos muy poco. ¡Qué pena!

Патрик в Испании

Привет! Как дела? Меня зовут Патрик, мне двадцать пять лет. Я из США, из Нью-Йорка. Я живу в Испании, потому что я хочу выучить испанский.

Я живу в Мадриде. Мне очень нравится здесь жить. Это очень интересный город. И моя работа тоже интересная. Я журналист и работаю в газете. Я пишу статьи на английском для сайта газеты.

В Мадриде есть люди из многих стран. У меня много друзей со всего мира. Иногда мы вместе ходим в кино. Мы смотрим фильмы на испанском, но очень мало понимаем. Какая жалость!

Aquí, en Madrid, tengo un buen amigo. Se llama Pablo y es argentino. Él también es periodista. Trabajamos juntos. Pablo habla inglés muy bien. Eso me gusta, porque podemos hablar de todo.

Todos los sábados jugamos al baloncesto con amigos. Pablo quiere jugar al fútbol, pero yo no quiero. No sé las reglas del fútbol. Creo que es un deporte aburrido. Yo digo: "Lo siento, Pablo, no me gusta el fútbol".

También quiero hablar de mi vecino. Se llama Juan y es de México. Él no habla inglés muy bien y mi español es muy malo. Por eso, tenemos problemas de comunicación. A Juan le gusta tocar la guitarra por la noche. Así que, yo grito en inglés: "Juan, es tarde. ¡Quiero dormir!". Y Juan responde: "¿Qué? No entiendo nada".

Здесь, в Мадриде, у меня есть хороший друг. Его зовут Пабло, и он аргентинец. Он тоже журналист. Мы работаем вместе. Пабло очень хорошо говорит по-английски. Мне это нравится, потому что мы можем разговаривать обо всём.

Каждую субботу мы играем в баскетбол с друзьями. Пабло хочет играть в футбол, а я не хочу. Я не знаю футбольных правил. Я думаю, что это скучный вид спорта. Я говорю: «Прости, Пабло, я не люблю футбол».

А ещё, я хочу рассказать о моём соседе. Его зовут Хуан, и он из Мексики. Он не очень хорошо говорит по-английски, а мой испанский очень плохой. Из-за этого у нас проблемы с коммуникацией. Хуан любит играть на гитаре по ночам. Поэтому я кричу по-английски: «Хуан, уже поздно. Я хочу спать!». А Хуан отвечает: «Что? Я ничего не понимаю».

Ejercicios

 **1** ¿Verdadero (V) o falso (F)?
Верно или неверно??

1. Patrick es periodista y escribe articulos en español.
2. Todos los sábados Patrick juega al baloncesto con amigos.
3. El vecino de Patrick se llama Juan.
4. Juan toca la guitarra por la mañana.
5. Patrick cree que fútbol es aburrido.
6. Pablo es argentino pero habla inglés muy bien.

 **2** Escoge la respuesta correcta
Выберите правильный ответ

1. ¿Cuál es la profesión de Patrick?
   a) profesor b) periodista c) jugador de fútbol
2. ¿Qué hace Patrick todos los sábados?
   a) tocar la guitarra b) jugar al fútbol c) jugar al baloncesto
3. ¿Quién es Juan?
   a) un amigo de Patrick b) el vecino de Patrick
   c) el jefe de Patrick
4. ¿Quién habla inglés muy bien?
   a) Patrick y Pablo b) Pablo y Juan c) Patrick y Juan
5. ¿De dónde es Pablo?
   a) de España b) de México c) de Argentina

3 Completa las frases con las siguientes palabras:
Закончите предложения следующими словами:

buen / tocar / poco / reglas /
ciudad / mundo

1. Patrick tiene amigos de todo el _____ .
2. A Juan le gusta _____ la guitarra por la noche.
3. No sé las _____ de fútbol.
4. Tengo un _____ amigo.
5. Madrid es una _____ muy interesante.
6. Vemos películas pero entendemos muy _____ .

4 Combina las columnas:
Соедините колонки:

1. Escribo articulos en   a. baloncesto
2. Tenemos problemas de   b. inglés
3. Soy periodista y trabajo en un c. países
4. En Madrid hay gente de muchos   d. malo
5. Todos los sábados jugamos al   e. periódico
6. Mi español es muy   f. comunicación

Soluciones

Ejercicio 1: 1–F, 2–V, 3–V, 4–F, 5–V, 6–V
Ejercicio 2: 1-b, 2-c, 3-b, 4-a, 5-c
Ejercicio 3: 1–mundo, 2–tocar, 3–reglas, 4–buen, 5–ciudad, 6–poco
Ejercicio 4: 1–b, 2–f, 3–e, 4–c, 5–a, 6–d

¡Qué calor!
Какая жара!

Vocabulario

1.	leer	читать
2.	grado	градус
3.	en la calle	на улице
4.	no me importa	мне всё равно, мне не важно
5.	oficina	офис
6.	aire acondicionado	кондиционер
7.	hace calor	жарко
8.	jefe	шеф, начальник
9.	un poco	немного
10.	mentira	ложь
11.	región	регион
12.	nunca	никогда
13.	cambiar	менять
14.	hace frío	холодно
15.	segundo	второй
16.	parte	часть
17.	siempre	всегда
18.	sur	юг
19.	nieve	снег
20.	por todas partes	везде, повсюду
21.	turno	очередь
22.	ayudar	помогать
23.	cerca	близко
24.	¡Qué suerte!	Какая удача!
25.	desierto	пустыня

¡Qué calor!

Hoy hace mucho calor. Hay treinta y cinco grados en la calle. ¡Qué calor! Pero no me importa. En la oficina hay aire acondicionado.

Hoy tengo que escribir un artículo muy interesante: El tiempo en España, México, Argentina y otros países. Empiezo a escribir: "Siempre hace mucho calor en España".

Mi jefe lee un poco y dice: "Patrick, eso es mentira. Yo soy de Asturias. Es una pequeña región en el norte de España. Allí nunca hace calor". ¡Vaya! Qué interesante. Tengo que cambiar el artículo: "En algunas partes de España, hace frío".

Какая жара!

Сегодня очень жарко. На улице тридцать пять градусов. Какая жара! Но мне всё равно. В офисе есть кондиционер.

Сегодня я должен написать очень интересную статью: Погода в Испании, Мексике, Аргентине и других странах. Я начинаю писать: «В Испании всегда очень жарко».

Мой начальник читает немного и говорит: «Патрик, это ложь. Я из Астурии. Это небольшой регион на севере Испании. Там никогда не бывает жарко». Ой! Как интересно. Я должен изменить статью: «В некоторых частях Испании холодно».

Ahora escribo la segunda parte del artículo: "En Argentina siempre hace mucho calor". Pablo, mi amigo argentino, dice: "¡Eso no es verdad! En el sur de Argentina hace mucho frío. Hay nieve por todas partes". ¡Vaya! En Argentina también hace frío.

Ahora es el turno de México. No sé qué escribir. ¿En México hace frío o calor? Mi vecino Juan es de allí. Él me puede ayudar... Bueno, ya es hora de irse a casa. Puedo terminar el artículo mañana.

Estoy cerca de mi casa. Veo a mi vecino Juan. ¡Qué suerte! Yo le digo: "Hola vecino". Él responde: "Hola. ¡Uf! Qué calor, ¿verdad?". Yo no sé que responder. Por eso, digo: "Si, sí... No me gusta el calor... Quiero ir a México". Mi vecino está sorprendido. Dice: "¿México? ¡En México hay siete desiertos!". Qué interesante. En México nunca hace frío.

Сейчас я пишу вторую часть статьи: «В Аргентине всегда очень жарко». Пабло, мой аргентинский друг, говорит: «Это неправда! На юге Аргентины очень холодно. Везде лежит снег». Ну надо же! В Аргентине тоже холодно.

Теперь очередь Мексики. Я не знаю, что написать. В Мексике холодно или жарко? Мой сосед Хуан оттуда. Он может мне помочь... Что ж, пора домой. Я могу закончить статью завтра.

Я у моего дома. Я вижу своего соседа Хуана. Какая удача! Я ему говорю: «Привет, сосед». Он отвечает: «Привет. Фу! Как жарко, правда? Я не знаю, что ответить. Поэтому я говорю: «Да, да... Я не люблю жару... Я хочу поехать в Мексику». Мой сосед удивлён. Он говорит: «В Мексику? В Мексике семь пустынь!» Как интересно. В Мексике никогда не бывает холодно.

Ejercicios

 ¿Verdadero (V) o falso (F)?
Верно или неверно??

1. En la oficina de Patrick hay aire acondicionado.
2. En España y en Argentina siempre hace calor.
3. En España hay siete desiertos.
4. En el sur de Argentina hace mucho frío.
5. El jefe de Patrick es de Asturias.
6. Hoy en Nueva York hay treinta y cinco grados.

2 Escoge la respuesta correcta
Выберите правильный ответ

1. ¿Qué tiempo hace hoy en Madrid?
   a) hace calor b) hace frío c) hay nieve por todas partes
2. ¿Dónde hay siete desiertos?
   a) en España b) en Argentina c) en México
3. ¿Qué es Asturias?
   a) una ciudad de México b) una región de España
   c) una región en el sur de Argentina
4. ¿Qué tiempo hace en el sur de Argentina?
   a) hace frío b) hace calor c) siempre hay 35 grados
5. ¿Dónde nunca hace frío?
   a) en España b) en México c) en Argentina

3 Completa las frases con las siguientes palabras:
Закончите предложения следующими словами:

aire / desiertos / partes / turno /
sur / región

1. Hay nieve por todas _____ .
2. Asturias es una pequeña _____ en el norte de España.
3. En la oficina hay _____ acondicionado.
4. En México hay siete _____ .
5. En el _____ de Argentina hace mucho frío.
6. Ahora es el _____ de México. No sé qué escribir.

4 Combina las columnas:
Соедините колонки:

1. En Argentina también hace   a. artículo
2. Es hora de irse a   b. importa
3. Ahora escribo la segunda parte del c. frío
4. En la calle hay treinta y cinco   d. sorprendido
5. Hace calor pero no me   e. grados
6. Mi vecino está   f. casa

Soluciones

Ejercicio 1: 1–V, 2–F, 3–F, 4–V, 5–V, 6–F
Ejercicio 2: 1-a, 2-c, 3-b, 4-a, 5-b
Ejercicio 3: 1–partes, 2–región, 3–aire, 4–desiertos, 5–sur, 6–turno
Ejercicio 4: 1–c, 2–f, 3–a, 4–e, 5–b, 6–d

El apartamento de Patrick
Квартира Патрика

Vocabulario

1.	apartamento	квартира
2.	vivir	жить
3.	calle	улица
4.	tranquilo	спокойный
5.	¡Me encanta!	Мне нравится! Я в восторге!
6.	dormitorio	спальня
7.	salón	гостиная
8.	pequeño	маленький
9.	sofá	диван
10.	cómodo	удобный
11.	baño	ванная
12.	cocina	кухня
13.	cama	кровать
14.	armario	шкаф
15.	ordenador	компьютер
16.	familia	семья
17.	madre	мать
18.	todos los días	каждый день
19.	por la mañana	утром
20.	estar a dieta	быть на диете
21.	cenar	ужинать
22.	plato típico	типичное блюдо
23.	supermercado	супермаркет
24.	cerrado	закрыт, закрыто
25.	huevo	яйцо

El apartamento de Patrick

¡Bienvenidos! Este es mi apartamento. Yo vivo aquí. Mi apartamento está en una calle muy tranquila. Y mi oficina está muy cerca. ¡Me encanta!

En mi apartamento hay tres dormitorios. El salón es pequeño, pero tiene una televisión muy grande y un sofá muy cómodo. Este es el baño y aquí está la cocina. ¿Os gusta mi apartamento?

Mi dormitorio es pequeño. Tiene una cama, una mesa, una silla y un armario. Mi ordenador está en la mesa. Lo uso para trabajar, para ver películas y para hablar con mi familia. Hablo con mi madre todos los días.

Квартира Патрика

Добро пожаловать! Это моя квартира. Я живу здесь. Моя квартира находится на очень тихой улице. И мой офис очень близко. Я в восторге!

В моей квартире три спальни. Гостиная маленькая, но в ней есть очень большой телевизор и очень удобный диван. Вот ванная, а вот кухня. Вам нравится моя квартира?

Моя спальня маленькая. В ней есть кровать, стол, стул и шкаф. Мой компьютер стоит на столе. Я использую его, чтобы работать, смотреть фильмы и разговаривать с семьёй. Я разговариваю с мамой каждый день.

No vivo solo. Vivo con un español y con una chica de Francia. Se llaman Pedro y Emilia. Son muy simpáticos. Emilia habla muy bien español. Yo quiero hablar español como ella.

Por la mañana, desayunamos juntos. Pedro solo toma café. Emilia come huevos y salchichas. Mmmmh, eso me gusta. Yo estoy a dieta. Por eso, solo desayuno cereales con leche. Y, a veces, tomo zumo de naranja.

Por la noche, también cenamos juntos. Hoy voy a hacer una tortilla de patatas para todos. Es un plato típico español. Es muy fácil de hacer. Necesito patatas, huevos y cebolla. Abro la nevera: ¡Ay, no hay huevos! Y el supermercado está cerrado. Voy al salón y digo: "Chicos, voy a pedir pizza para cenar".

Я живу не один. Я живу с испанцем и девушкой из Франции. Их зовут Педро и Эмилия. Они очень милые. Эмилия очень хорошо говорит по-испански. Я хочу говорить по-испански, как она.

Утром мы вместе завтракаем. Педро пьёт только кофе. Эмилия ест яйца и сосиски. Хммм, мне это нравится. Я на диете. Поэтому на завтрак я ем только хлопья с молоком. А иногда я пью апельсиновый сок.

Вечером мы тоже ужинаем вместе. Сегодня я приготовлю для всех картофельный омлет. Это типичное испанское блюдо. Это очень легко сделать. Мне нужен картофель, яйца и лук. Я открываю холодильник: Ой, яиц нет! А супермаркет закрыт. Я иду в гостиную и говорю: «Ребята, я закажу на ужин пиццу».

Ejercicios

1 ¿Verdadero (V) o falso (F)?
Верно или неверно??

1. El apartamento de Patrick está cerca de la oficina.
2. Pedro y Emilia trabajan con Patrick.
3. Emilia desayuna huevos y salchichas.
4. Patrick está a dieta y no quiere pedir pizza.
5. El salón de Patrick es muy grande.
6. En la nevera no hay huevos.

2 Escoge la respuesta correcta
Выберите правильный ответ

1. ¿Con quién habla Patrick todos los días?
 a) con su hermano b) con sus amigos c) con su madre
2. ¿Qué tiene el apartamento de Patrick?
 a) un sofá cómodo b) dos dormitorios c) un salón grande
3. ¿Con quién vive Patrick?
 a) vive solo b) con Pedro y Emilia c) con una española
4. ¿Qué desayuna Patrick?
 a) huevos y salchichas b) café c) cereales con leche
5. ¿Qué hay en la nevera?
 a) patatas y cebolla b) patatas y huevos
 c) huevos y cebolla

3 Completa las frases con las siguientes palabras:
Закончите предложения следующими словами:

tortilla / dormitorios / dieta / tranquila /
plato / días

1. En mi apartamento hay tres _____ .
2. Hoy voy a hacer _____ de patatas.
3. Desayuno solo cereales porque estoy a _____ .
4. Hablo con mi madre todos los _____ .
5. Mi apartamento está en una calle muy _____ .
6. La tortilla de patatas es un _____ típico español.

4 Combina las columnas:
Соедините колонки:

1. A veces, tomo zumo de   a. cerrado
2. El supermercado está   b. cenar
3. Es muy fácil de   c. películas
4. Hoy voy a pedir pizza para   d. naranja
5. El sofá es muy   e. cómodo
6. Uso el ordenador para ver   f. hacer

Soluciones

Ejercicio 1: 1–V, 2–F, 3–V, 4–F, 5–F, 6–V
Ejercicio 2: 1-c, 2-a, 3-b, 4-c, 5-a
Ejercicio 3: 1–dormitorios, 2–tortilla, 3–dieta, 4–días,
5–tranquila, 6–plato
Ejercicio 4: 1–d, 2–a, 3–f, 4–b, 5–e, 6–c

Museos y bares
Музеи и бары

Vocabulario

1.	museo	музей
2.	hoy	сегодня
3.	grande	большой
4.	visitar	посещать
5.	todo el día	целый день
6.	tengo hambre	я голоден
7.	cafetería	кафе
8.	hamburguesa	гамбургер
9.	cerveza	пиво
10.	intentar	попробовать, постараться
11.	error	ошибка
12.	camarero	официант
13.	por favor	пожалуйста
14.	guapo	красивый, красавчик
15.	nervioso	нервный
16.	sonreir	улыбаться
17.	diccionario	словарь
18.	alegre	весёлый
19.	simpático	приятный
20.	sábado	суббота
21.	rápido	быстрый
22.	vida	жизнь
23.	minuto	минута
24.	tal vez	возможно, может
25.	bar	бар

Museos y bares

Hoy es sábado. Todos los sábados, voy a un museo. Hoy voy a visitar el Museo Arqueológico Nacional. El museo es grande. Tiene muchas cosas interesantes. Voy a estar allí todo el día. Hoy tengo un plan perfecto.

Ahí está el museo. Pero tengo hambre. Quiero ir al museo con el estómago lleno. ¿Dónde hay una cafetería? ¡Ahí hay una!

Voy a pedir una hamburguesa y una cerveza sin alcohol. Voy a intentar decirlo bien y sin errores: una hamburguesa por favor, una hamburguesa por favor, una hamburguesa...

Музеи и бары

Сегодня суббота. Каждую субботу я хожу в музей. Сегодня я собираюсь посетить Национальный археологический музей. Музей большой. В нём много интересного. Я буду там весь день. Сегодня у меня есть идеальный план.

Вон там музей. Но я голоден. Я хочу пойти в музей на сытый желудок. Где есть кафе? Вон там есть одно!

Я собираюсь заказать гамбургер и безалкогольное пиво. Я постараюсь сказать правильно и без ошибок: гамбургер, пожалуйста, гамбургер, пожалуйста, гамбургер...

La camarera viene y dice: "Buenos días, guapo. ¿Qué vas a tomar?". Yo la miro. Me pongo nervioso y digo: "Guapa tú... yo hamburguesa... ¿Cómo te llamas?". La chica sonríe: "Perfecto. Quieres una hamburguesa. ¿Quieres algo más? ¿Tal vez un diccionario de español?". Yo no sé qué decir y ella se ríe. La gente en España es muy alegre.

La camarera es muy guapa y simpática. Se llama María. Habla muy rápido. No entiendo casi nada. Me cuenta toda su vida en cinco minutos. Después, dice: "¿Tienes planes para hoy? Yo termino de trabajar a las cinco. Voy a ir a un bar con amigos. ¿Quieres venir conmigo?".

Ahora estoy en el museo. Pero a las cinco voy a ir a un bar con María y sus amigos. Esto es un sábado perfecto: museos y bares.

Официантка подходит и говорит: «Доброе утро, красавчик. Что будешь заказывать?» Я смотрю на неё. Я начинаю нервничать и говорю: «Это ты красавица... я гамбургер... Как тебя зовут?» Девушка улыбается: «Отлично. Ты хочешь гамбургер. Хочешь что-нибудь ещё? Может, испанский словарь?» Я не знаю, что сказать, а она смеётся. Люди в Испании очень весёлые.

Официантка очень красивая и дружелюбная. Её зовут Мария. Она говорит очень быстро. Я почти ничего не понимаю. Она рассказывает мне всю свою жизнь за пять минут. Затем она говорит: «У тебя есть планы на сегодня? Я заканчиваю работать в пять. Я иду в бар с друзьями. Хочешь пойти со мной?»

Сейчас я в музее. Но в пять я иду в бар с Марией и её друзьями. Это идеальная суббота: музеи и бары.

Ejercicios

1 ¿Verdadero (V) o falso (F)?
Верно или неверно??

1. Patrick quiere ir al museo con el estomago lleno.
2. La camarera se pone nerviosa.
3. La gente en España cuenta toda su vida en cinco minutos.
4. La camarera es muy guapa y simpática.
5. María quiere visitar el Museo Arqueológico Nacional.
6. Patrick pide a la camarera un diccionario de español.

2 Escoge la respuesta correcta
Выберите правильный ответ

1. ¿Qué plan tiene Patrick para el sábado?
   a) ir a un bar b) ir a un museo c) ir al museo con amigos
2. ¿Porqué va a una cafetería?
   a) porque tiene hambre b) quiere practicar su español
   c) quiere hablar con la camarera
3. ¿Dónde trabaja María?
   a) en el museo b) no trabaja c) en la cafetería
4. ¿A qué hora termina María?
   a) a las cinco b) a las seis c) a las siete
5. ¿Cómo es la gente en España?
   a) muy seria b) alegre c) muy nerviosa

3 Completa las frases con las siguientes palabras:
Закончите предложения следующими словами:

algo / hoy / cerveza / vida /
hambre / nervioso

1. Tengo _____ . ¿Dónde hay una cafetería?
2. La camarera dice: "¿Quieres _____ más?"
3. Me cuenta toda su _____ en cinco minutos.
4. ¿Tienes planes para _____ ?
5. Me pongo _____ y digo: "Guapa tú".
6. Voy a pedir una _____ sin alcohol.

4 Combina las columnas:
Соедините колонки:

1. La gente en España es muy ⟍   a. ríe
2. Voy a estar allí todo el   ⟍→ b. alegre
3. La camarera se   c. lleno
4. Voy a intentar decirlo sin   d. día
5. Quiero ir al museo con el estomago   e. hamburguesa
6. Voy a pedir una   f. errores

Soluciones

Ejercicio 1: 1–V, 2–F, 3–F, 4–V, 5–F, 6–F
Ejercicio 2: 1-b, 2-a, 3-c, 4-a, 5-b
Ejercicio 3: 1–hambre, 2–algo, 3–vida, 4–hoy, 5–nervioso, 6–cerveza
Ejercicio 4: 1–b, 2–d, 3–a, 4–f, 5–c, 6–e

Un partido de fútbol
Футбольный матч

Vocabulario

	Español	Русский
1.	partido	матч
2.	fútbol	футбол
3.	No me gusta...	Мне не нравится...
4.	entrada	билет
5.	lleno	полный
6.	estadio	стадион
7.	gente	люди
8.	empezar	начинать
9.	regla	правило
10.	balón	мяч
11.	jugador	игрок
12.	dar patadas	пинать
13.	caer	падать
14.	suelo	пол, земля
15.	enfadado	злой
16.	reirse	смеяться
17.	gol	гол
18.	saltar	прыгать
19.	abrazar	обнимать
20.	besar	целовать
21.	contento	довольный
22.	¿Qué pasa?	Что происходит?, Что случилось?
23.	enemigo	враг
24.	otra vez	ещё раз
25.	tener amigos	иметь друзей

Un partido de fútbol

Hoy es domingo. Voy a ver un partido de fútbol con María. No me gusta el fútbol, pero María tiene dos entradas. Los amigos de María también van a venir.

El estadio está lleno. Hay mucha gente. Empieza el partido y todos empiezan a gritar. Yo no sé las reglas del fútbol. Hay un balón y muchos jugadores. Los jugadores dan patadas al balón y la gente grita. No entiendo nada. Tengo que aprender las reglas.

Un jugador cae al suelo. María empieza a gritar. No entiendo ninguna palabra, pero María está muy enfadada. Los amigos de María se ríen. No entiendo nada. Tengo que mejorar mi español.

Футбольный матч

Сегодня воскресенье. Я собираюсь посмотреть футбольный матч с Марией. Я не люблю футбол, но у Марии есть два билета. Друзья Марии тоже придут.

Стадион полный. Много людей. Матч начинается, и все начинают кричать. Я не знаю футбольных правил. Есть мяч и много игроков. Игроки пинают мяч, а люди кричат. Я ничего не понимаю. Я должен выучить правила.

Один игрок падает на землю. Мария начинает кричать. Я не понимаю слов, но Мария очень злится. Друзья Марии смеются. Я ничего не понимаю. Я должен улучшить свой испанский.

De repente, María grita: "¡Goooool!". Está muy contenta. Empieza a saltar, me abraza, me besa. Pero los amigos de María no están muy contentos.

Entonces hay otro gol. Yo grito: "¡Goooool!". Todos los amigos de María me abrazan y se ríen. Yo miro a María. Está sentada y enfadada. Yo pregunto: "María, ¿qué pasa? ¿Por qué estás enfadada?". María dice: "Soy del otro equipo". Yo respondo: "Ah, ahora lo entiendo todo. Entonces, ¿ahora somos enemigos?". Todos se ríen.

Después del partido, todos están contentos. María dice: "Dentro de diez minutos empieza otro partido. ¿Quién quiere ir a verlo al bar?". Todos los amigos de María dicen: "¡Yo!". Yo pienso: "¿Otra vez fútbol?". En España, el fútbol es muy importante. Si no te gusta el fútbol, no tienes amigos.

Внезапно Мария кричит: «Гооол!» Она очень счастлива. Она начинает прыгать, обнимает меня, целует. Но друзья Марии не очень довольны.

Потом есть ещё один гол. Я кричу: «Гооол!» Все друзья Марии обнимают меня и смеются. Я смотрю на Марию. Она сидит и злится. Я спрашиваю: «Мария, что случилось? Почему ты злишься?» Мария говорит: «Я болею за другую команду». Я отвечаю: «А, теперь я всё понимаю. Тогда мы теперь враги?» Все смеются.

После матча все довольны. Мария говорит: «Через десять минут начинается другой матч. Кто хочет пойти посмотреть его в баре?» Все друзья Марии говорят: «Я!» Я думаю: «Опять футбол?» В Испании футбол очень важен. Если ты не любишь футбол, у тебя нет друзей.

Ejercicios

1 ¿Verdadero (V) o falso (F)?
Верно или неверно??

1. A Patrick le gusta mucho el fútbol.
2. María tiene dos entradas para un partido de fútbol.
3. María grita: "¡Goool!", y sus amigos se abrazan y se besan.
4. María quiere ir al bar a ver otro partido de fútbol.
5. En España, el fútbol es muy importante.
6. En el estadio hay poca gente.

2 Escoge la respuesta correcta
Выберите правильный ответ

1. ¿Cuántas entradas tiene María?
   a) para todos sus amigos b) dos c) solo para ella
2. ¿Por qué María no está contenta con el otro gol?
   a) es del otro equipo b) Patrick es su enemigo
   c) no le interesa el fútbol
3. ¿Dónde van a ver el segundo partido?
   a) en el estadio b) en casa de Patrick c) en un bar
4. ¿Quién no sabe las reglas del fútbol?
   a) Patrick b) María c) los amigos de María
5. ¿Quién cae al suelo?
   a) Patrick b) un jugador c) María

 3 Completa las frases con las siguientes palabras:
Закончите предложения следующими словами:

mejorar / enfadada / abrazan / partido /
lleno / entradas

1. Voy a ver un _____ de fútbol.
2. Los amigos de María me _____ y se ríen.
3. No me gusta el fútbol, pero María tiene dos _____ .
4. No entiendo nada. Tengo que _____ mi español.
5. El estadio está _____ .
6. Yo pregunto: "María, ¿por qué estás _____ ?"

4 Combina las columnas:
Соедините колонки:

1. Los jugadores dan patadas al   a. palabra
2. No entiendo ninguna   b. reglas
3. Hay un balón y muchos   c. contenta
4. Tengo que aprender las   d. amigos
5. María grita: "¡Goool!". Está muy   e. jugadores
6. Si no te gusta el fútbol, no tienes   f. balón

Soluciones

Ejercicio 1: 1–F, 2–V, 3–F, 4–V, 5–V, 6–F
Ejercicio 2: 1-b, 2-a, 3-c, 4-a, 5-b
Ejercicio 3: 1–partido, 2–abrazan, 3–entradas, 4–mejorar,
5–lleno, 6–enfadada
Ejercicio 4: 1–f, 2–a, 3–e, 4–b, 5–c, 6–d

Patrick va a trabajar
Патрик идёт на работу

Vocabulario

1.	ir a trabajar	ходить на работу
2.	todas las mañanas	каждое утро
3.	levantarse	вставать
4.	ducharse	принимать душ
5.	vestirse	одеваться
6.	desayunar	завтракать
7.	ir a pie	ходить пешком
8.	ir en autobús	ездить на автобусе
9.	salir de casa	выходить из дома
10.	parada de autobús	остановка автобуса
11.	a menudo	часто
12.	esperar	ждать
13.	correr	бежать
14.	dónde	где
15.	¿Qué hora es?	Во сколько?
16.	llegar	приходить
17.	chaqueta	куртка
18.	bufanda	шарф
19.	tener prisa	спешить
20.	puntual	пунктуальный
21.	por supuesto	конечно
22.	¡Por fin!	Наконец-то!
23.	cartera	кошелёк
24.	volver	возвращаться
25.	matar	убить

Patrick va a trabajar

Todas las mañanas, me levanto a las 7:00 (siete) para ir a trabajar. Primero, me ducho. Después, me visto, desayuno y voy a trabajar. No me gusta ir a pie. Voy en autobús porque es más rápido.

Siempre salgo de casa a las 8:00 (ocho). La parada de autobús está cerca. Los autobuses pasan a menudo. Por eso, no tengo que esperar mucho tiempo. Mi autobús pasa cada diez minutos.

Pero hoy es diferente. Miro la hora. ¡Madre mía! Son las 8:20 (ocho y veinte) y todavía estoy en casa. Tengo que estar en la oficina a las 9:00 (nueve). Voy a llegar tarde. Salgo de casa y corro a la parada.

Патрик идёт на работу

Каждое утро я встаю в 7:00 (семь), чтобы идти на работу. Сначала я принимаю душ. Затем я одеваюсь, завтракаю и иду на работу. Я не люблю ходить пешком. Я езжу на автобусе, потому что это быстрее.

Я всегда выхожу из дома в 8:00 (восемь). Автобусная остановка близко. Автобусы ходят часто. Поэтому мне не приходится долго ждать. Мой автобус ходит каждые десять минут.

Но сегодня всё иначе. Я смотрю на время. Боже мой! Сейчас 8:20 (восемь двадцать), а я всё ещё дома. Я должен быть в офисе в 9:00 (девять). Я опоздаю. Я выхожу из дома и бегу к остановке.

Aquí estoy en la parada. ¿Dónde está mi autobús? ¿Qué hora es? Bueno, tengo que tranquilizarme. El autobús va a llegar en dos minutos.

Hoy hace un poco de frío. En la parada hay gente con chaqueta. También hay una persona con bufanda. Pero yo no tengo frío porque estoy nervioso. Voy a llegar tarde. ¿Dónde está mi autobús?

Hay mucha gente en la calle. Todo el mundo va a trabajar. Todo el mundo tiene prisa. ¿La gente en España es puntual? Sí, por supuesto. Mi jefe es muy puntual. Aquí llega mi autobús. ¡Por fin!

Entro en el autobús y… ¿Dónde está mi cartera? ¡Ay, está en la mesa de la cocina! Tengo que volver a casa. Hoy voy a llegar muy tarde al trabajo. Mi jefe me va a matar.

Вот я на остановке. Где мой автобус? Который сейчас час? Ладно, мне нужно успокоиться. Автобус придёт через две минуты.

Сегодня немного холодно. На остановке есть люди в куртках. А ещё есть один человек в шарфе. Но мне не холодно, потому что я нервничаю. Я опоздаю. Где мой автобус?

На улице много людей. Все идут на работу. Все спешат. Люди в Испании пунктуальны? Да, конечно. Мой начальник очень пунктуален. Вот идёт мой автобус. Наконец-то!

Я захожу в автобус и... Где мой бумажник? Ой, он на кухонном столе! Я должен вернуться домой. Сегодня я сильно опоздаю на работу. Мой начальник убьёт меня.

Ejercicios

1 ¿Verdadero (V) o falso (F)?
Верно или неверно??

1. A Patrick no le gusta ir a pie.
2. El autobús de Patrick pasa cada diez minutos.
3. Patrick tiene que estar en la oficina a las ocho.
4. Patrick lleva una chaqueta y una bufanda.
5. El jefe de Patrick es muy puntual.
6. Patrick tiene que volver a casa porque su cartera está allí.

2 Escoge la respuesta correcta
Выберите правильный ответ

1. ¿A qué hora se levanta Patrick?
a) a las ocho b) a las ocho y veinte c) a las siete
2. ¿Por qué Patrick va al trabajo en autobús?
a) es más rápido b) le duele el pie c) hace mucho calor
3. ¿Cada cuánto pasa el autobús de Patrick?
a) cada 2 minutos b) cada 5 minutos c) cada 10 minutos
4. ¿Por qué Patrick está nervioso?
a) hace frío, y Patrick no lleva bufanda b) va a llegar tarde
c) tiene que hablar en español
5. ¿Dónde está la cartera de Patrick?
a) en casa b) en la parada c) en la oficina

3 Completa las frases con las siguientes palabras:
Закончите предложения следующими словами:

cartera / tarde / parada / levanto /
pasa / bufanda

1. La _____ de autobús está cerca.
2. Mi autobús _____ cada diez minutos.
3. Voy a llegar muy _____ al trabajo.
4. Hay gente con chaqueta y una persona con _____ .
5. Me _____ a las siete para ir a trabajar.
6. ¡Mi _____ está en la mesa de la cocina!

4 Combina las columnas:
Соедините колонки:

1. Los autobuses pasan a   a. frío
2. Todo el mundo tiene   b. menudo
3. Mi jefe me va a   c. matar
4. No me gusta ir a   d. pie
5. Hoy hace un poco de   e. puntual
6. Mi jefe es muy   f. prisa

Soluciones

Ejercicio 1: 1–V, 2–V, 3–F, 4–F, 5–V, 6–V
Ejercicio 2: 1-c, 2-c, 3-c, 4-b, 5-a
Ejercicio 3: 1–parada, 2–pasa, 3–tarde, 4–bufanda, 5–levanto, 6–cartera
Ejercicio 4: 1–b, 2–f, 3–c, 4–d, 5–a, 6–e

Patrick aprende español
Патрик изучает испанский

Vocabulario

1.	estudiar	изучать
2.	alumno	ученик
3.	clase	класс
4.	profesor	преподаватель
5.	joven	молодой
6.	escuchar	слушать
7.	responder	отвечать
8.	hispanohablante	испаноговорящий
9.	tradición	традиция
10.	hacer preguntas	задавать вопросы
11.	interesante	интересный
12.	escuela	школа
13.	también	тоже
14.	verbo	глагол
15.	mal	плохо
16.	palabra	слово
17.	falta de ortografía	орфографическая ошибка
18.	todo el mundo	все
19.	amigo	друг
20.	repetir	повторять
21.	a veces	иногда
22.	pronunciar	произносить
23.	pronunciación	произношение
24.	tener paciencia	иметь терпение
25.	tocar la guitarra	играть на гитаре

Patrick aprende español

Me gusta estudiar español. Los martes y los jueves voy a una escuela de español para extranjeros. Somos diez alumnos en clase. Algunos somos de Estados Unidos y Canadá. Pero también hay una alemana, un francés y dos chinos. Nuestra profesora es joven. Se llama Alicia.

En clase escuchamos audios y leemos textos. También vemos vídeos sobre México, España y otros países hispanohablantes. Los vídeos muestran costumbres y tradiciones. Después, Alicia hace preguntas sobre el vídeo y nosotros respondemos. Es muy interesante. Todos escuchamos a Alicia con atención.

Патрик изучает испанский

Мне нравится изучать испанский язык. По вторникам и четвергам я хожу в школу испанского для иностранцев. Нас десять учеников в классе. Некоторые из нас из США и Канады. Но есть ещё немец, француз и два китайца. Наша учительница молодая. Её зовут Алисия.

На уроках мы слушаем аудио и читаем тексты. Мы также смотрим видео о Мексике, Испании и других испаноязычных странах. На видео показаны обычаи и традиции. Потом Алисия задаёт вопросы по видео, а мы отвечаем. Это очень интересно. Мы все внимательно слушаем Алисию.

Me gusta aprender español en la escuela. Pero también aprendo en el trabajo. Mi jefe siempre me ayuda: "Patrick, este verbo está mal. Patrick, esta palabra es incorrecta. Patrick, aquí tienes una falta de ortografía". Mi español no es perfecto. Pero todo el mundo tiene faltas de ortografía.

También aprendo con mis amigos españoles. Todos los días dicen palabras nuevas. Yo las repito. A veces, no las pronuncio bien y mis amigos se ríen. Sí, mi pronunciación no es muy buena. Tengo que tener paciencia.

Cuando estoy en casa, veo películas en español. Así aprendo palabras nuevas. A veces subo el volumen de la tele. Entonces, mi vecino Juan grita: "Patrick, es tarde. Quiero dormir". Y yo respondo: "¿Qué? No entiendo nada. ¿Hoy no vas a tocar la guitarra?".

Мне нравится изучать испанский в школе. Но я учусь ещё и на работе. Мой начальник всегда помогает мне: «Патрик, этот глагол неправильный. Патрик, это слово неправильное. Патрик, у тебя здесь орфографическая ошибка». Мой испанский не идеален. Но у всех бывают орфографические ошибки.

А ещё я учусь со своими испанскими друзьями. Каждый день они говорят новые слова. Я их повторяю. Иногда я неправильно их произношу, и мои друзья смеются. Да, моё произношение не очень хорошее. Я должен иметь терпение.

Когда я дома, я смотрю фильмы на испанском языке. Таким образом я учу новые слова. Иногда я увеличиваю громкость на телевизоре. Тогда мой сосед Хуан кричит: «Патрик, уже поздно. Я хочу спать». А я отвечаю: «Что? Я ничего не понимаю. Разве ты не собираешься сегодня играть на гитаре?»

Ejercicios

----

1 ¿Verdadero (V) o falso (F)?
Верно или неверно??

1. La profesora de Patrick se llama Alicia y es joven.
2. El jefe de Patrick no quiere ayudarle.
3. Cuando Patrick está en casa, ve películas en español.
4. La pronunciación de Patrick no es muy buena.
5. Los vídeos muestran los costumbres de Canadá.
6. Patrick no escucha a Alicia con atención.

2 Escoge la respuesta correcta
Выберите правильный ответ

1. ¿Cómo es Alicia?
a) es vieja b) es joven c) es aburrida
2. ¿Qué hace Patrick en casa?
a) ver películas en español b) tocar la guitarra
c) hablar con su jefe
3. ¿Cuándo hay clases de español?
a) los sábados b) los lunes c) los martes y los jueves
4. ¿Quién tiene faltas de ortografía?
a) el jefe de Patrick b) Patrick c) Juan
5. ¿Cuántos alumnos hay en clase?
a) diez b) dos chinos y un francés c) cuatro

3 Completa las frases con las siguientes palabras:
Закончите предложения следующими словами:

país / repito / veces / preguntas /
guitarra / falta

1. Patrick, aquí tienes una _____ de ortografía.
2. Mis amigos dicen palabras nuevas y yo las _____ .
3. Alicia hace _____ sobre el vídeo.
4. Vemos vídeos sobre los _____ hispanohablantes.
5. ¿Hoy no vas a tocar la _____ ?
6. A _____ , no pronuncio bien las palabras.

4 Combina las columnas:
Соедините колонки:

1. Escuchamos a Alicia con   a. clase
2. Nuestra profesora es   b. atención
3. Voy a una escuela de español para   c. tele
4. Los vídeos muestran costumbres y   d. extranjeros
5. Somos diez alumnos en   e. joven
6. A veces subo el volumen de la   f. tradiciones

Soluciones

Ejercicio 1: 1–V, 2–F, 3–V, 4–V, 5–F, 6–F
Ejercicio 2: 1-b, 2-a, 3-c, 4-b, 5-a
Ejercicio 3: 1–falta, 2–repito, 3–preguntas, 4–países, 5–guitarra, 6–veces
Ejercicio 4: 1–b, 2–e, 3–d, 4–f, 5–a, 6–c

Notas

Notas